Impressum
Verlag: BABADADA GmbH, Nedderfeld 112 , 22529 Hamburg
Geschäftsführer / Verlagsleitung: Harald Hof
Druck: Books on Demand GmbH, In de Tarpen 42, 22848 Norderstedt

Imprint
Publisher: BABADADA GmbH, Nedderfeld 112 , 22529 Hamburg, Germany
Managing Director / Publishing direction: Harald Hof
Print: Books on Demand GmbH, In de Tarpen 42, 22848 Norderstedt, Germany

škola

школа

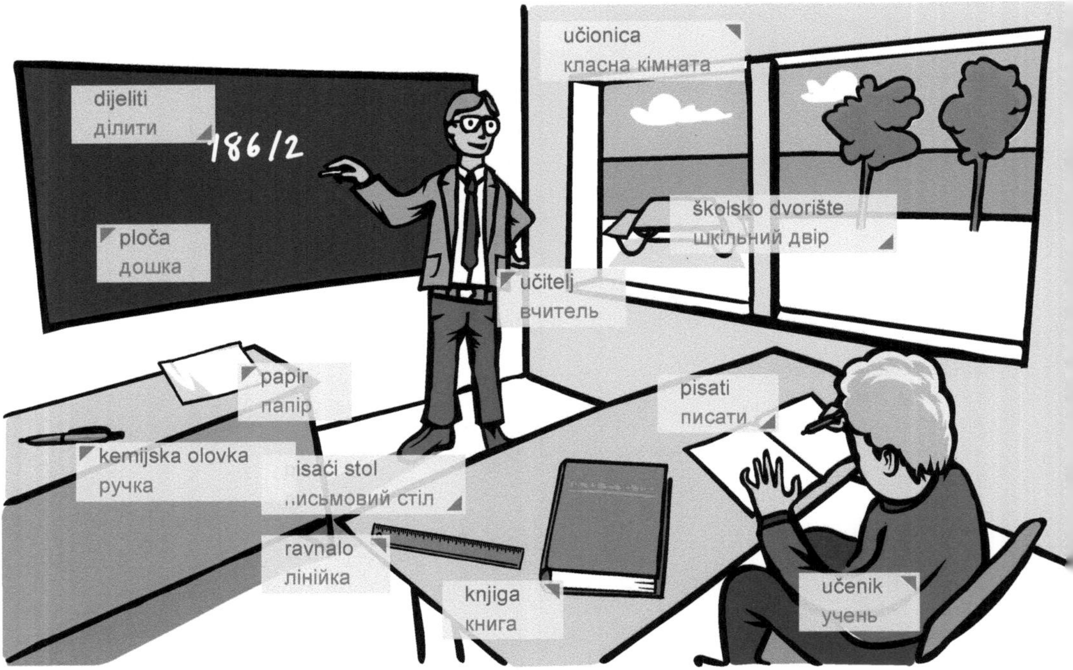

učionica
класна кімната
dijeliti
ділити
186/2
ploča
дошка
školsko dvorište
шкільний двір
učitelj
вчитель
papir
папір
pisati
писати
kemijska olovka
ручка
isaći stol
исьмовий стіл
ravnalo
лінійка
knjiga
книга
učenik
учень

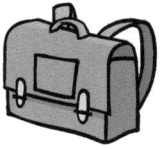

torba

ранець

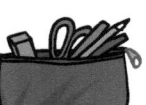

pernica

пенал

grafitna olovka

олівець

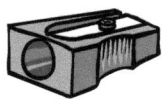

šiljilo za olovke

точило

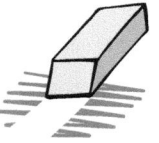

gumica za brisanje

гумка

blok za crtanje

альбом для малювання

crtež

малюнок

kist

пензель

kutija s bojama

коробка фарб

makaze

ножиці

ljepilo

клей

bilježnica

зошит

domaći zadatak

домашнє завдання

broj

число

sabirati

додавати

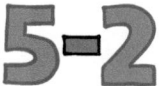

oduzimati

віднімати

množiti

множити

računati

рахувати

slovo

літера

ABCDEFG
HIJKLMN
OPQRSTU
VWXYZ

abeceda

абетка

hello

riječ

слово

tekst

текст

čitati

читати

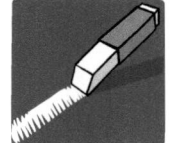

kreda

крейда

sat

година

dnevnik

класний журнал

ispit

екзамен

svjedodžba

диплом

školska uniforma

шкільна форма

obrazovanje

освіта

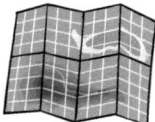

leksikon

лексикон

sveučilište

університет

mikroskop

мікроскоп

karta

карта

košara za papir

кошик для паперу

putovanje

подорож

hotel
готель
Grand
prenoćište
турбаза
ROOMS
EXCHANGE
mjenjačnica
обмінний пункт
kofer
валіза
auto
автомобіль

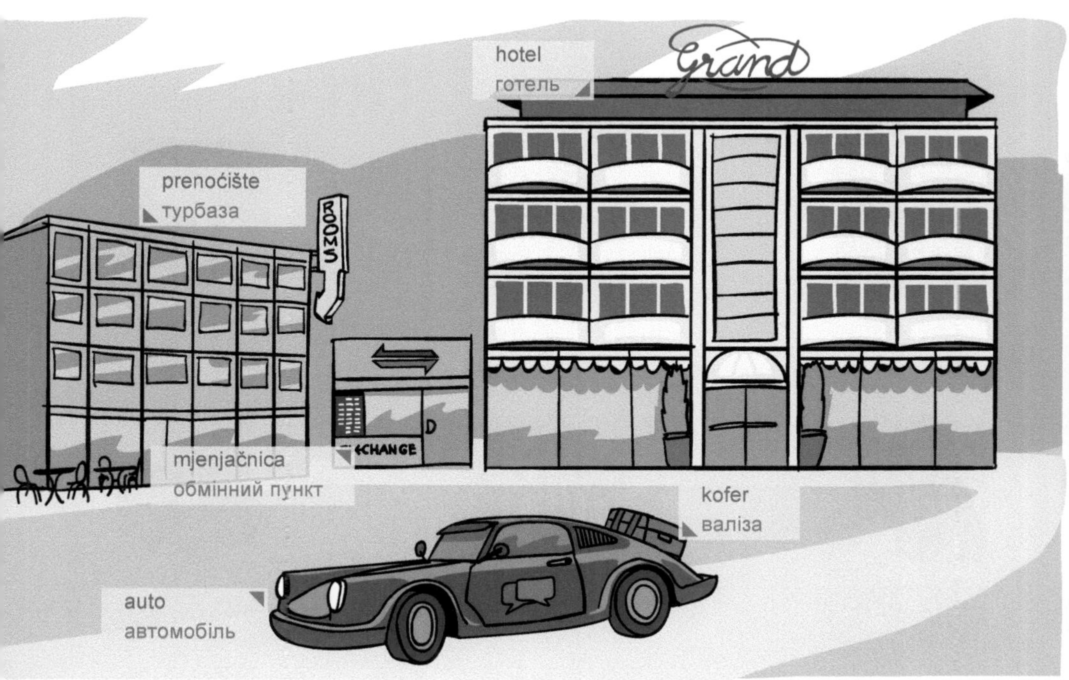

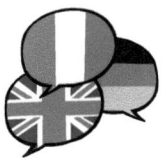

jezik

мова

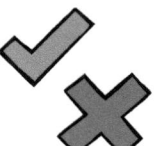

da / ne

так / ні

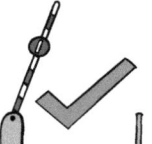

okay

добре

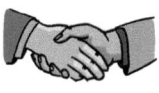

zdravo

привіт

prevoditelj

перекладач

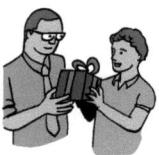

hvala

дякую

Koliko košta…?

Скільки коштує …?

ne razumijem

Я не розумію

problem

проблема

dobro veče!

Добрий вечір!

Dobro jutro!

Доброго ранку!

Laku noć!

На добраніч!

doviđenja

До побачення

smjer

напрямок

prtljaga

багаж

torba

сумка

ruksak

рюкзак

gost

гість

soba

кімната

vreća za spavanje

спальний мішок

šator

намет

turističke informacije

туристична інформація

plaža

пляж

kreditna kartica

кредитна картка

doručak

сніданок

ručak

обід

večera

вечеря

karta za vožnju

квиток

dizalo

ліфт

poštanska markica

поштова марка

granica

межа

carina

митниця

ambasada

посольство

viza

віза

putovnica

паспорт

transport
транспорт

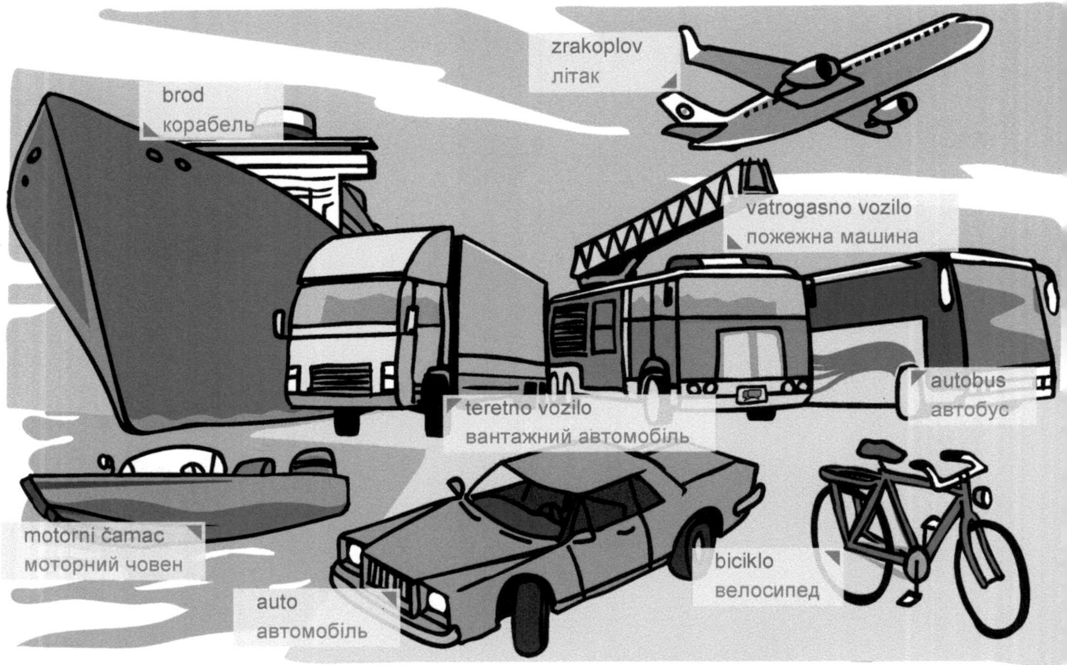

zrakoplov
літак
brod
корабель
vatrogasno vozilo
пожежна машина
autobus
автобус
teretno vozilo
вантажний автомобіль
motorni čamac
моторний човен
biciklo
велосипед
auto
автомобіль

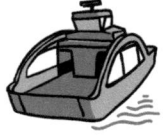

trajekt

пором

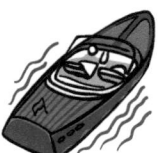

čamac

човен

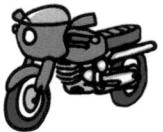

motocikl

мотоцикл

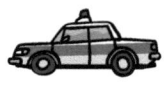

policijski auto

поліцейська машина

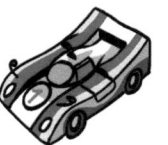

trkaći auto

гоночний автомобіль

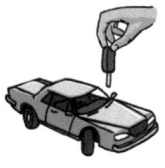

iznajmljeno auto

автомобіль на прокат

dijeljenje automobila

спільне користування авто

vučno vozilo

евакуатор

vozilo za odvoz smeća

сміттєвоз

motor

двигун

benzin

паливо

benzinska postaja

автозаправна станція

prometni znak

дорожній знак

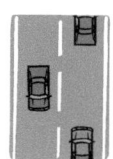

promet

рух

zastoj

затор

parkiralište

стоянка

kolodvor

вокзал

šine

рейки

vlak

потяг

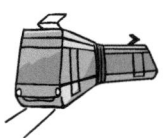

tramvaj

трамвай

vagon

вагон

helikopter

гелікоптер

zrakoplovna luka

аеропорт

toranj

вежа

putnik

пасажир

kontejner

контейнер

karton

коробка

kolica

візок

košara

кошик

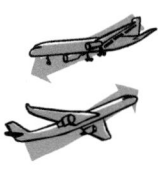

uzletjeti / sletjeti

стартувати / приземлятися

grad
місто

selo

село

centar grada

центр міста

kuća

дім

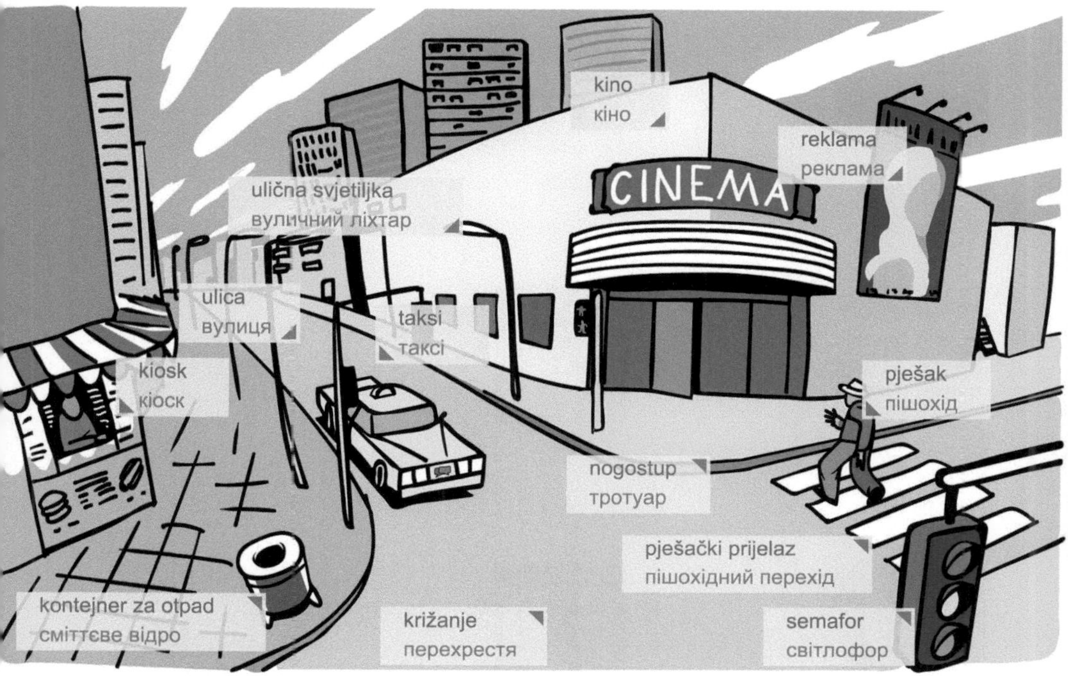

kino
кіно

reklama
реклама

ulična svjetiljka
вуличний ліхтар

CINEMA

ulica
вулиця

taksi
таксі

kiosk
кіоск

pješak
пішохід

nogostup
тротуар

pješački prijelaz
пішохідний перехід

kontejner za otpad
сміттєве відро

križanje
перехрестя

semafor
світлофор

koliba

хатина

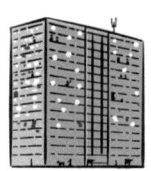

stan

квартира

kolodvor

вокзал

vijećnica

ратуша

muzej

музей

škola

школа

sveučilište

університет

banka

банк

bolnica

лікарня

hotel

готель

ljekarna

аптека

ured

офіс

knjižara

книжковий магазин

prodavaonica

магазин

cvjećara

квітковий магазин

supermarket

супермаркет

trg

ринок

robna kuća

універмаг

ribarnica

торговець рибою

trgovački centar

торговельний центр

luka

гавань

park

парк

klupa

лава

most

міст

stepenice

сходи

podzemna željeznica

метро

tunel

тунель

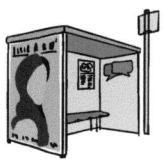

autobusna stanica

автобусна зупинка

bar

бар

restoran

ресторан

poštansko sanduče

поштова скринька

ulični znak

вулична табличка

parkirni sat

лічильник паркування

zoološki vrt

зоопарк

bazen

басейн

džamija

мечеть

seosko gazdinstvo

ферма

zagađenje okoliša

забруднення навколишнього середовища

groblje

кладовище

crkva

церква

igralište

дитячий майданчик

hram

храм

krajolik

ландшафт

list
листок

putokaz
вказівний стовп

put
шлях

livada
луг

kamen
камінь

drvo
дерево

šetač
мандрівник

rijeka
річка

trava
трава

cvijet
квітка

dolina
долина

planina
гора

jezero
озеро

šuma
ліс

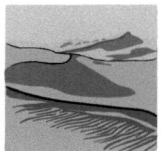

pustinja
пустеля

vulkan
вулкан

dvorac
замок

duga
веселка

gljiva
гриб

palma
пальма

moskito
комар

muha
муха

mrav
мурашка

pčela
бджола

pauk
павук

buba

жук

žaba

жаба

vjeverica

вивірка

jež

їжак

zec

заєць

sova

сова

ptica

птах

labud

лебідь

divlja svinja

кабан

jelen

олень

los

лось

nasip

гребля

vjetrenjača

вітряк

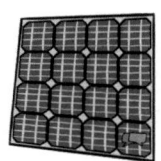

solarna ploča

сонячний модуль

klima

клімат

restoran
ресторан

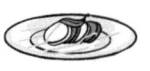

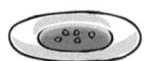

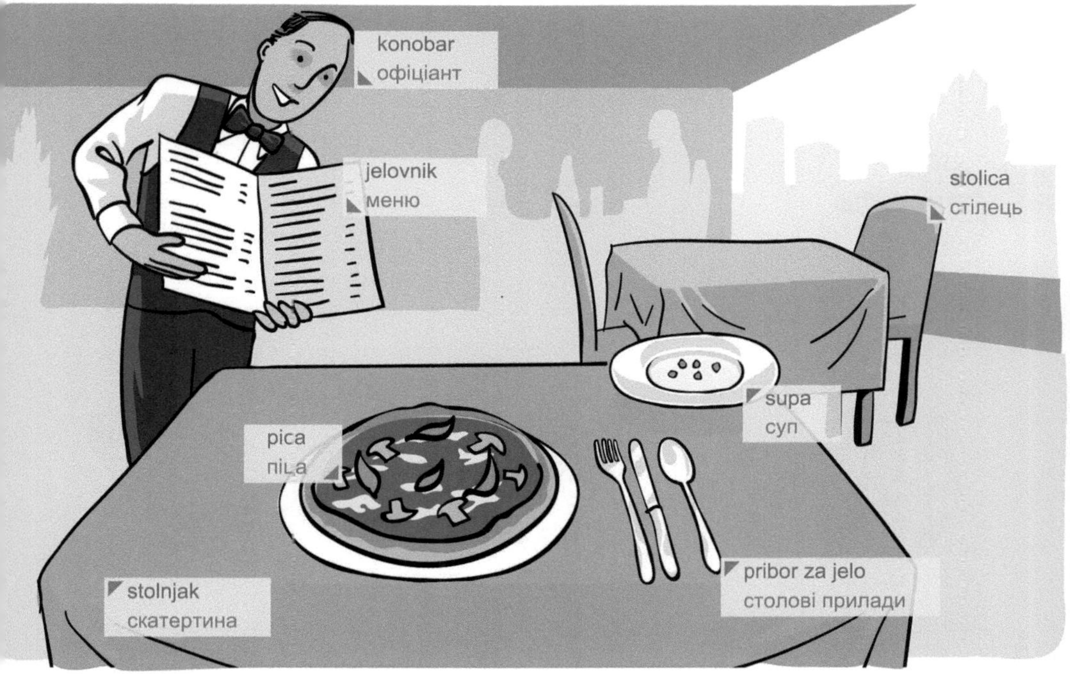
konobar
офіціант
jelovnik
меню
stolica
стілець
supa
суп
pica
піца
stolnjak
скатертина
pribor za jelo
столові прилади

predjelo

закуска

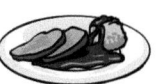

glavno jelo

друга страва

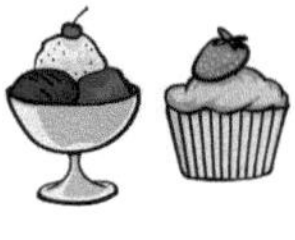

desert

десерт

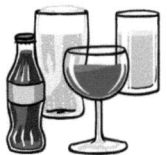

napitci

напої

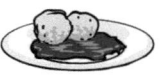

jelo

їжа

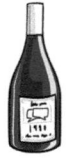

boca

пляшка

fastfood

фаст-фуд

imbis hrana

вулична їжа

čajnik

чайник

doza za šećer

цукорниця

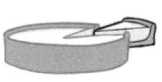

porcija

порція

aparat za espresso

еспресо-машина

visoka stolica

високий стільчик

račun

рахунок

pladanj

піднос

nož

ніж

vilica

вилка

žlica

ложка

čajna žlica

чайна ложка

ubrus

серветка

čaša

склянка

tanjur

тарілка

tanjur za supu

тарілка для супу

tanjurić

блюдце

sos

соус

soljenka

солонка

mlin za biber

млин для перцю

ocat

оцет

ulje

масло

začini

спеції

kečap

кетчуп

senf

гірчиця

majoneza

майонез

supermarket

супермаркет

ponuda
пропозиція
FOR
kupac
клієнт
mliječni proizvodi
молочні продукти
voće
фрукти
kolica za kupnju
візок для покупок

BUTCHERS

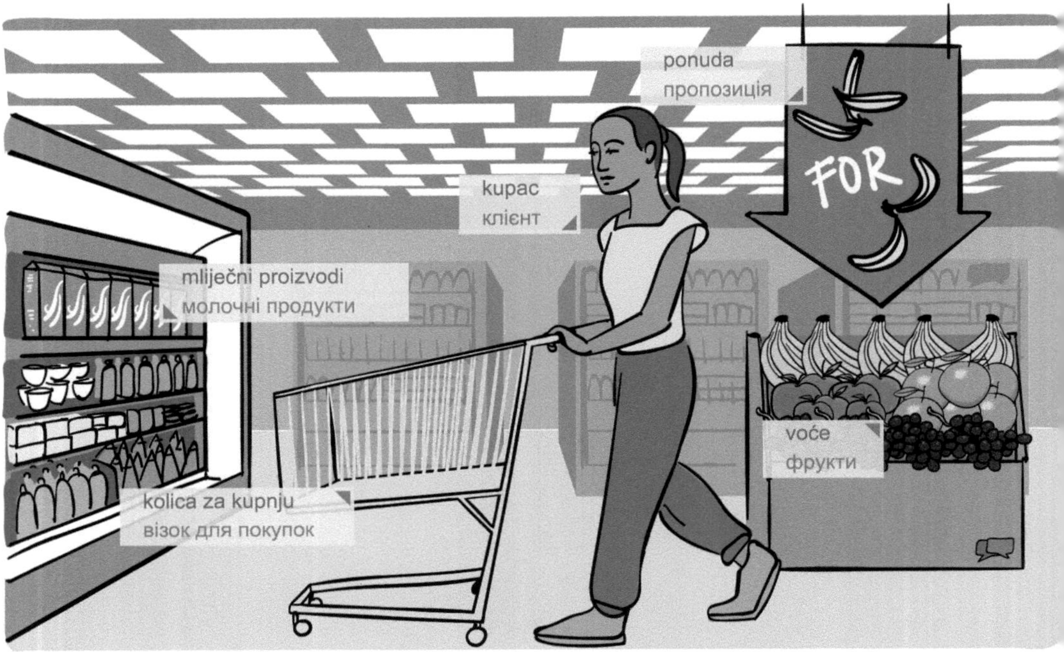

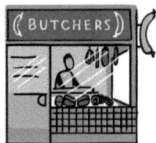

mesnica

м'ясний магазин

BAKERY

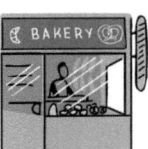

pekarnica

пекарня

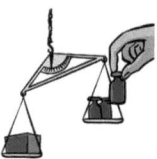

vagati

зважувати

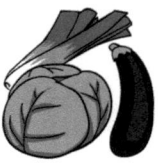

povrće

овочі

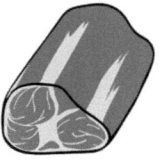

meso

м'ясо

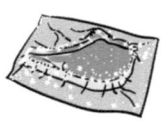

duboko smrznuta hrana

заморожені продукти

narezak

ковбасна нарізка

konzerve

консерви

sredstvo za pranje

пральний порошок

slatkiši

солодощи

artikli za domaćinstvo

предмети домашнього побуту

sredstva za čišćenje

мийний засіб

prodavačica

продавщиця

blagajna

каса

blagajnik

касир

lista za kupnju

список покупок

vrijeme rada

часи роботи

novčanik

гаманець

kreditna kartica

кредитна картка

torba

сумка

plastična vrećica

поліетиленовий пакет

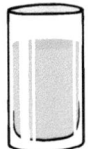

voda

вода

sok

сік

mlijeko

молоко

cola

кола

vino

вино

pivo

пиво

alkohol

алкоголь

kakao

какао

čaj

чай

kava

кава

espresso

еспресо

cappuccino

капучіно

banana

банан

jabuka

яблуко

naranča

апельсин

lubenica

кавун

limun

лимон

mrkva

морква

češnjak

часник

bambus

бамбук

luk

цибуля

gljiva

гриб

orašasti plodovi

горішки

rezanci

локшина

špagete

спагеті

riža

рис

salata

салат

pomfrit

картопля фрі

pečeni krumpir

смажена картопля

pica

піца

hamburger

гамбургер

sendvič

бутерброд

šnicla

шніцель

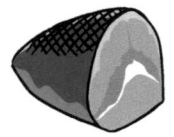

pršut

шинка

salama

салямі

kobasica

ковбаса

kokoš

курка

pečenje

печеня

riba

риба

zobene pahuljice

вівсяні пластівці

musli

мюслі

kukuruzne pahuljice

кукурудзяні пластівці

brašno

борошно

roščić

круасан

pecivo

булочка

kruh

хліб

toast

тостовий хліб

keksi

печиво

maslac

масло

svježi sir

сир

kolač

пиріг

jaje

яйце

jaje na oko

яєчня

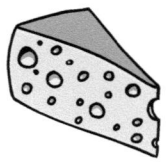

sir

сир

sladoled

морозиво

šećer

цукор

med

мед

marmelada

мармелад

nugat krema

нуга-крем

curry

карі

seosko gazdinstvo

ферма

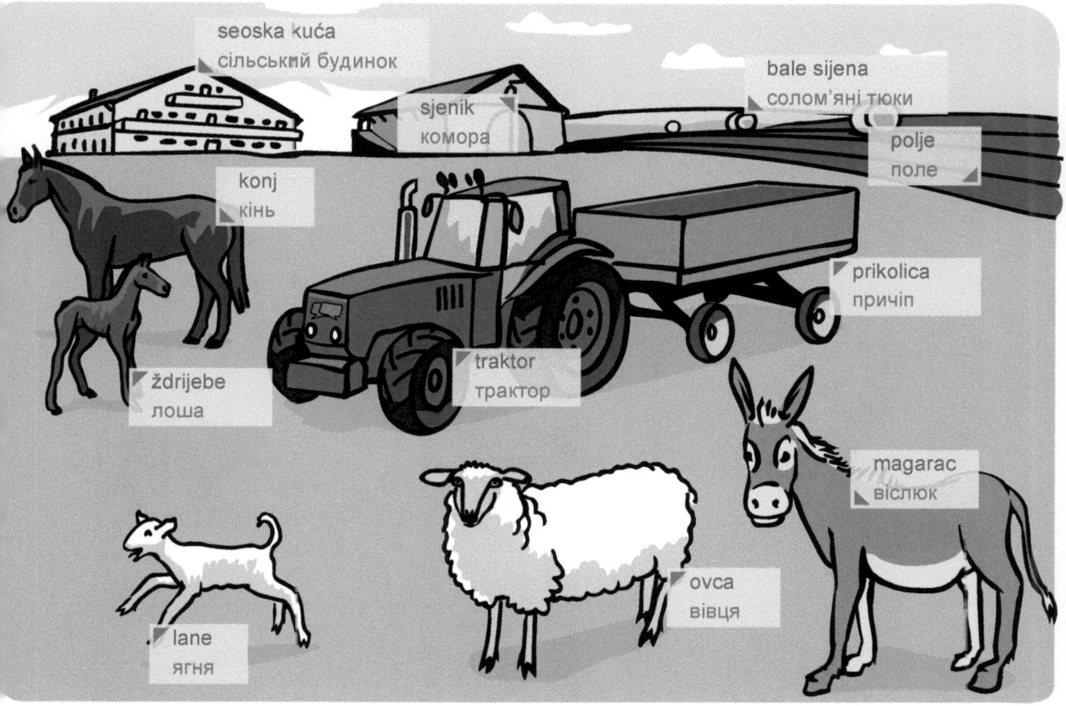
seoska kuća
сільський будинок
sjenik
комора
bale sijena
солом'яні тюки
polje
поле
konj
кінь
prikolica
причіп
ždrijebe
лоша
traktor
трактор
magarac
віслюк
ovca
вівця
lane
ягня

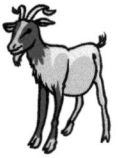

koza

коза

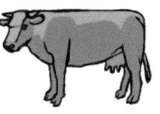

krava

корова

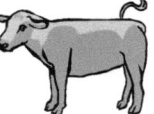

tele

теля

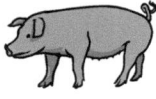

svinja

свиня

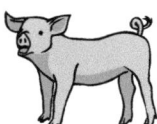

prase

порося

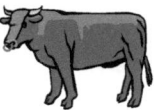

bik

бик

guska

гусак

patka

качка

pilići

курча

kokoš

курка

pijetao

півень

pacov

щур

mačka

кіт

miš

миша

vol

віл

pas

собака

kućica za psa

собача будка

vrtno crijevo

садовий шланг

kanta za polijevanje

лійка

kosa

коса

plug

плуг

srp

серп

motika

мотика

vilica za gnojivo

вила

sjekira

сокира

tačke

тачка

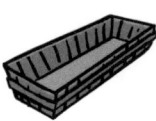

korito

корито

posuda za mlijeko

бідон молока

vreća

мішок

ograda

паркан

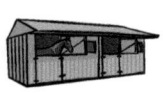

štala

хлів

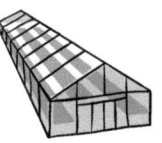

staklenik

теплиця

zemlja

ґрунт

sjeme

насіння

gnojivo

добриво

kombajn

комбайн

žanjati

пожинати

žetva

урожай

yams začin

корінь ямсу

pšenica

пшениця

soja

соя

krumpir

картопля

kukuruz

кукурудза

uljana repica

ріпак

voćka

плодове дерево

gomolj manioke

маніок

žitarice

злаки

kuća

дім

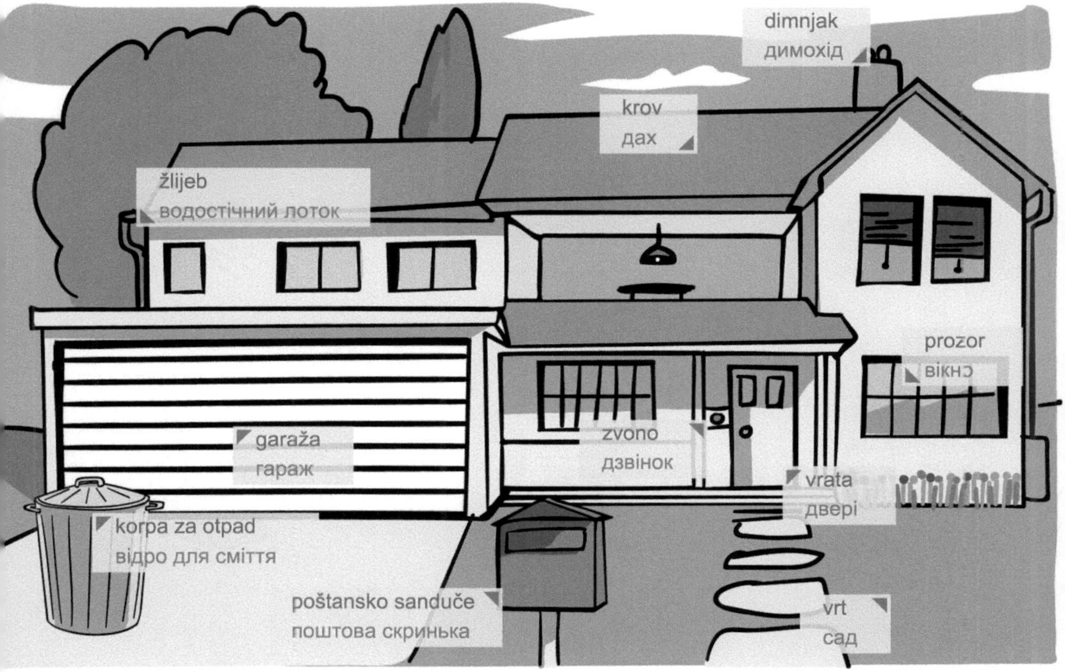
dimnjak
димохід
krov
дах
žlijeb
водостічний лоток
prozor
вікно
garaža
гараж
zvono
дзвінок
vrata
двері
korpa za otpad
відро для сміття
poštansko sanduče
поштова скринька
vrt
сад

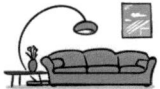

dnevna soba

вітальня

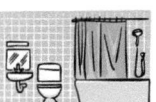

kupaonica

ванна кімната

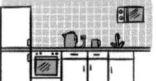

kuhinja

кухня

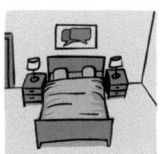

spavaća soba

спальня

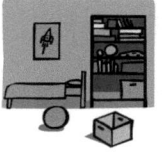

dječija soba

дитяча кімната

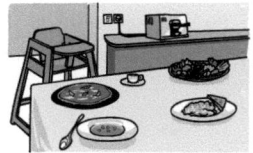

trpezarija

їдальня

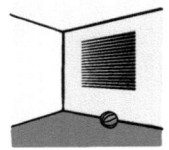

pod

підлога

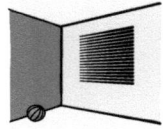

zid

стіна

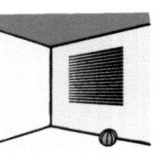

strop

стеля

podrum

підвал

sauna

сауна

balkon

балкон

terasa

тераса

bazen

басейн

kosilica za travu

косарка

posteljina za krevet

простирало

deka za krevet

ковдра

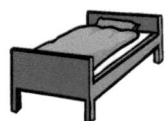

krevet

ліжко

metla

мітла

kanta

відро

sklopka

перемикач

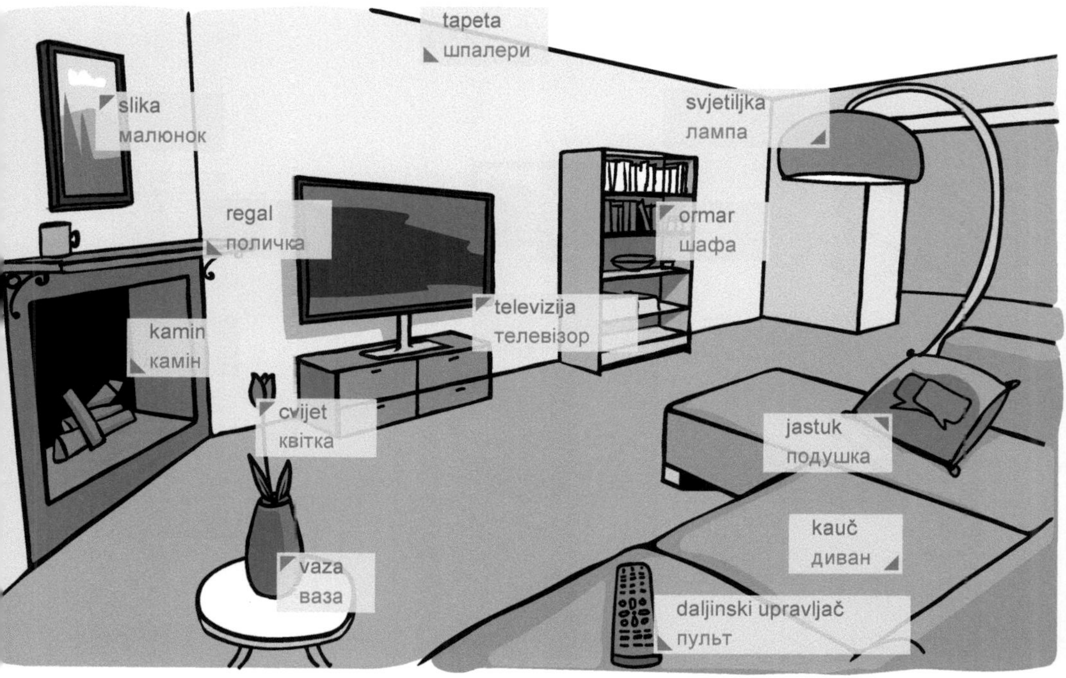

tapeta
шпалери

slika
малюнок

svjetiljka
лампа

regal
поличка

ormar
шафа

kamin
камін

televizija
телевізор

cvijet
квітка

jastuk
подушка

kauč
диван

vaza
ваза

daljinski upravljač
пульт

tepih

килим

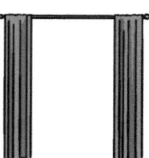

zavjesa

завіса

stol

стіл

stolica

стілець

stolica za njihanje

крісло-гойдалка

fotelja

крісло

knjiga

книга

deka

ковдра

dekoracija

прикраса

drvo za ogrjev

дрова

film

фільм

stereo uređaj

стереосистема

ključ

ключ

novine

газета

slika na platnu

картина

poster

плакат

radio

радіо

blok za pisanje

блокнот

usisavač

пилосос

kaktus

кактус

svijeća

свічка

kuhinja

кухня

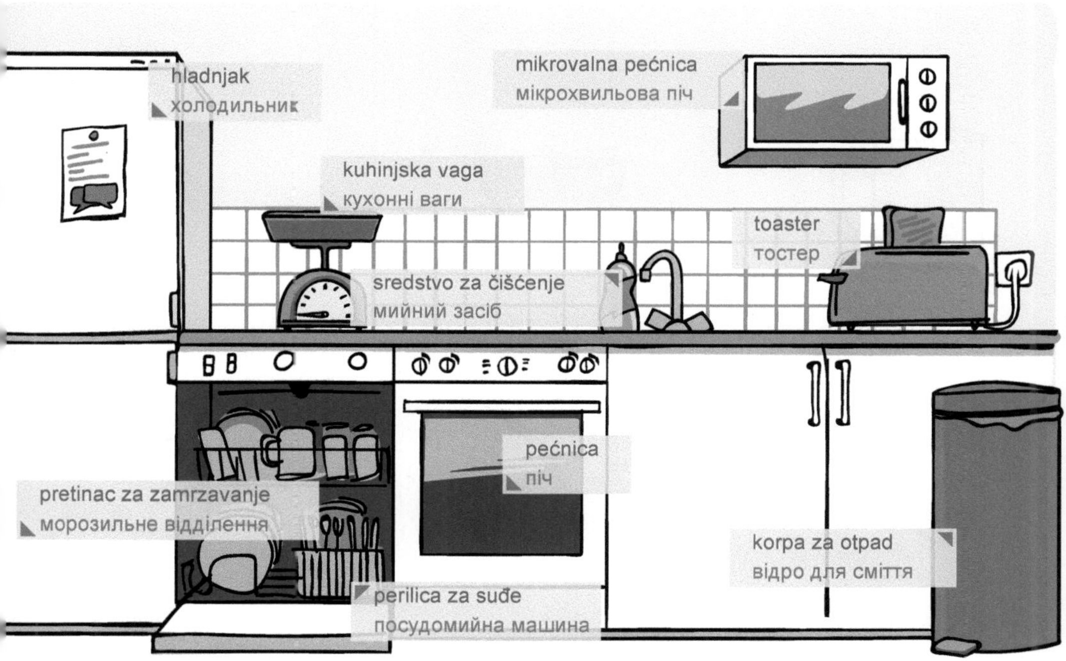

hladnjak
холодильник
mikrovalna pećnica
мікрохвильова піч
kuhinjska vaga
кухонні ваги
toaster
тостер
sredstvo za čišćenje
мийний засіб
pećnica
піч
pretinac za zamrzavanje
морозильне відділення
korpa za otpad
відро для сміття
perilica za suđe
посудомийна машина

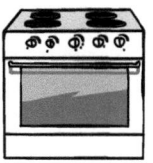

štednjak

плита

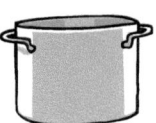

lonac

горщик

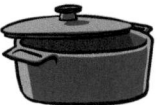

željezni lonac

чавунний горщик

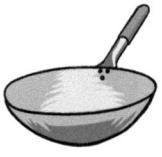

wok / kadai

вок / кадай

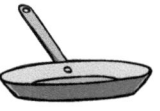

tava

сковорода

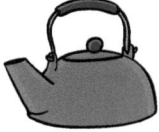

kuhalo za vodu

чайник

kuhalo na paru

пароварка

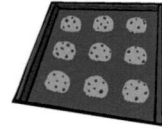

lim za pečenje

лист

posuđe

посуд

čaša

кухоль

zdjela

чаша

štapići za jelo

палички для їжі

kutljača

черпак

lopatica

лопатка

pjenjača

вінчик для збивання

sito za kuhanje

сито

sito

сито

ribež

терка

mužar

ступка

roštilj

барбекю

ognjište

багаття

daska

дошка

oklagija

качалка

vadičep

штопор

konzerva

конзерва

otvarač konzervi

відкривачка

krpa za lonac

прихватки

sudoper

раковина

četka

щітка

spužva

губка

mikser

міксер

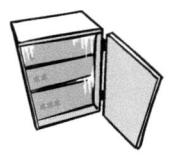

zamrzivač

морозильна камера

bočica za bebe

дитяча пляшка

slavina za vodu

кран

kupaonica
ванна кімната

grijanje
опалення
ručnik
рушник
tuš
душ
zavjesa za tuš
душова завіса
pjenušava kupka
пiниста ванна
kada
ванна
čaša
склянка
perilica za rublje
пральна машина
slavina za vodu
кран
pločice
плитка
dječja kahlica
горшок
sudoper
раковина

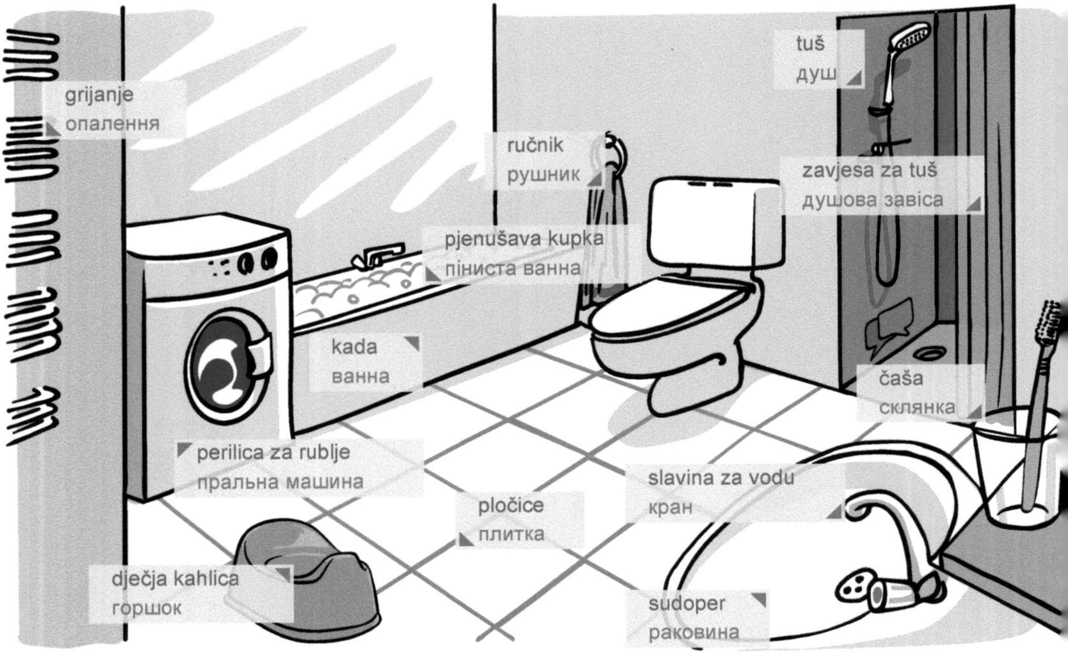

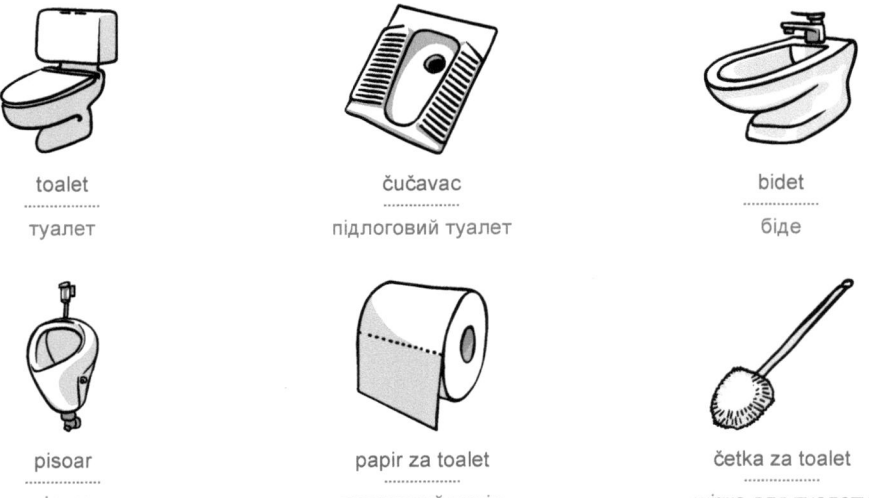

toalet

туалет

čučavac

підлоговий туалет

bidet

біде

pisoar

пісуар

papir za toalet

туалетний папір

četka za toalet

щітка для туалету

četkica za zube

зубна щітка

pasta za zube

зубна паста

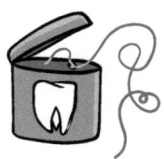

konac za zube

нитка для чищення зубів

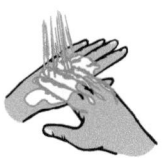

prati

мити

tuš ručica

ручний душ

tuš za pranje intimnih dijelova

інтимний душ

lavor

таз

četka za pranje leđa

щітка для спини

sapun

мило

gel za tuširanje

гель для душу

šampon

шампунь

krpa za pranje

мочалка

odvod

водостік

krema

крем

dezodorans

дезодорант

ogledalo

дзеркало

kozmetičko ogledalo

косметичне дзеркало

brijač

бритва

pjena za brijanje

піна для гоління

losion za poslije brijanja

лосьйон після гоління

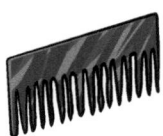

češalj

гребінь

četka

щітка

sušilo za kosu

фен

sprej za kosu

лак для волосся

makeup

косметика

ruž za usne

губна помада

lak za nokte

лак для нігтів

vata

вата

škare za nokte

ножиці для нігтів

parfem

парфум

neseser

косметичка

stolica

табурет

vaga

ваги

ogrtač

халат

rukavice za čišćenje

гумові рукавички

tampon

тампон

uložak

гігієнічні прокладки

kemijski toalet

біотуалет

dječija soba

дитяча кімната

budilnik
будильник
plišana igračka
м'яка іграшка
auto igračka
іграшковий автомобіль
zvečka
брязкальце
kućica za lutke
ляльковий будиночок
poklon
подарунок

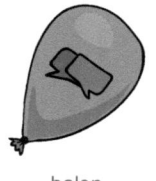

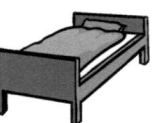

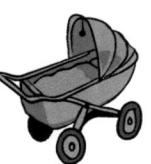

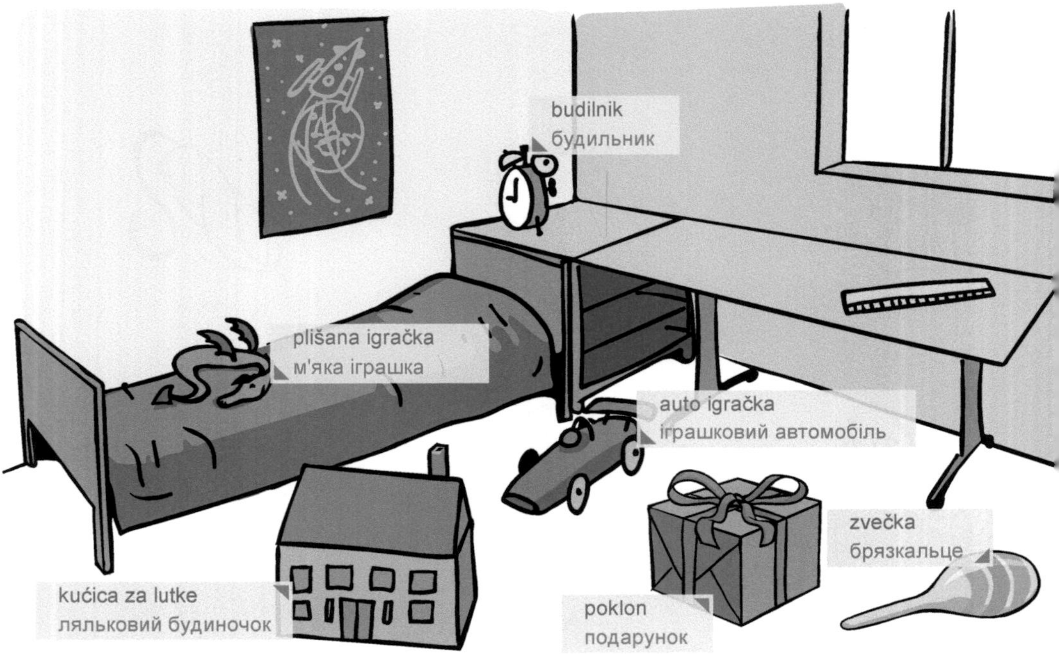

balon

повітряна кулька

krevet

ліжко

dječija kolica

дитячий візок

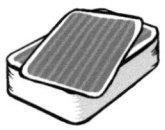

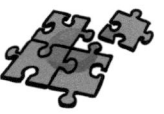

igra s kartama

картярська гра

slagalica

пазл

SUPER
MEGA

strip

комікс

lego kockice

лего цеглинки

kockice za slaganje

блоки

akcioni junak

іграшкова фігурка

kombinezon za bebe

повзунки

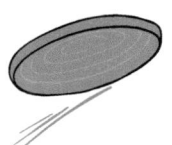

frizbi

фризбі

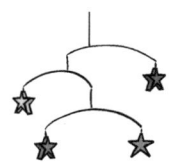

viseće igračke

мобіле

društvene igre

настільна гра

kocka

кубик

minijaturna željeznica

модель залізнична станція

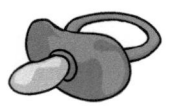

duda

соска

tulum

вечірка

slikovnica

книжка з картинками

lopta

м'яч

lutka

лялька

igrati

грати

pješčanik

пісочниця

ljuljačka

гойдалка

igračka

іграшка

konzola za igre

гральна консоль

tricikl

триколісний велосипед

plišani medo

плюшевий мішка

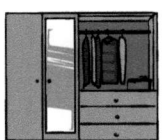

ormar

шафа

odjeća
одяг

kratke čarape

шкарпетки

čarape

панчохи

hulahopke

колготки

šal
шарф

kišobran
парасоля

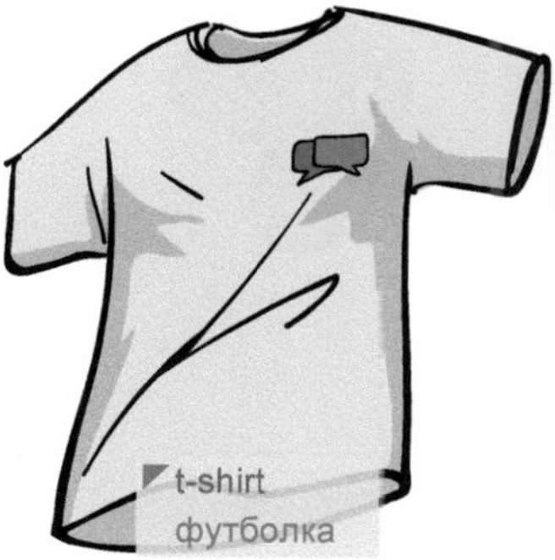

t-shirt
футболка

kaiš
ремінь

čizme
чоботи

papuče
домашнє взуття

patike
кросівки

sandale
сандалі

cipele
взуття

gumene čizme
гумові чоботи

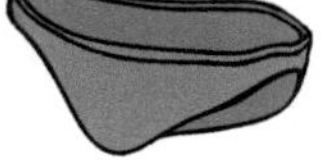

gaćice
труси

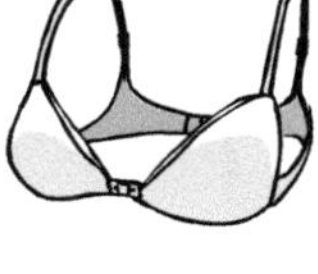

grudnjak
бюстгальтер

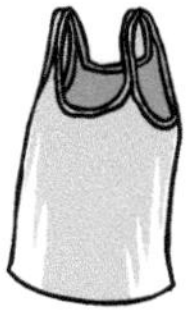

potkošulja
нижня сорочка

bodi

боді

hlače

штани

džins

джинси

haljina

спідниця

bluza

блузка

košulja

сорочка

džemper

пуловер

pulover s kapuljačom

светр

blejzer

піджак

jakna

куртка

kaput

пальто

kabanica

дощовик

kostim

костюм

haljina

сукня

vjenčanica

весільна сукня

odijelo

костюм

spavaćica

нічна сорочка

pidžama

піжама

sari

capi

rubac

головна хустка

turban

чалма

burka

бурка

kaftan

кафтан

abaja

абая

kupaći kostim

купальник

kupaće gaćice

плавки

kratke hlače

шорти

odjeća za trening

тренувальний костюм

pregača

фартух

rukavice

рукавички

gumb

гудзик

naočale

окуляри

narukvica

браслет

ogrlica

ланцюг

prsten

кільце

naušnica

сережка

kapa

шапка

vješalica

плічка

šešir

капелюх

kravata

краватка

patent zatvarač

застібка-блискавка

kaciga

шолом

naramenice

підтяжки

školska uniforma

шкільна форма

uniforma

уніформа

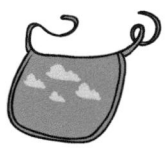

podbradak

нагрудник

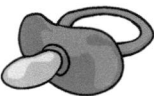

duda

соска

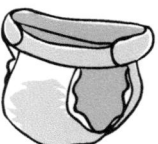

pelena

підгузок

ured

офіс

server
сервер
ormar za spise
шаф для документів
pisač
принтер
papir
папір
monitor
монітор
miš
миша
pisaći stol
письмовий стіл
mapa
папка
tipkovnica
синтезатор
košara za papir
кошик для паперу
računar
комп'ютер
stolica
стілець

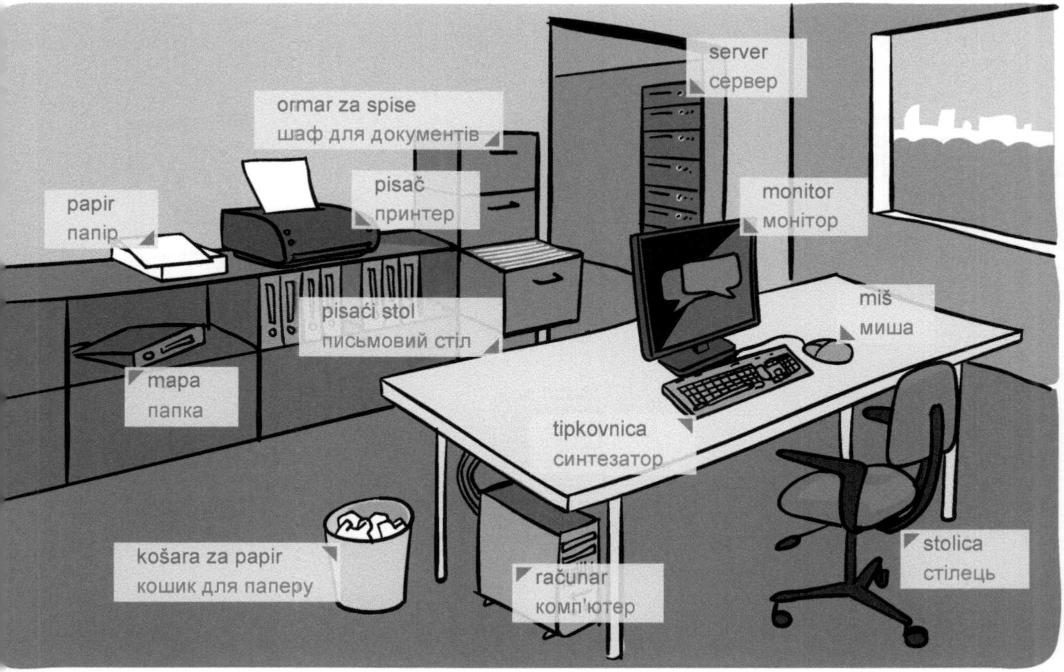

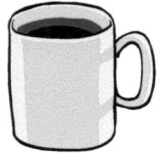

šalica za kavu

кавовий кухоль

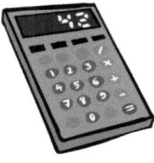

kalkulator

калькулятор

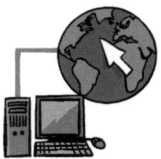

internet

інтернет

laptop

ноутбук

pismo

лист

poruka

повідомлення

mobilni telefon

мобільний телефон

mreža

мережа

uređaj za kopiranje

копіювальний пристрій

softver

програмне забезпечення

telefon

телефон

utičnica

розетка

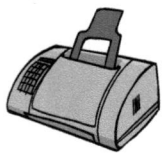

faks

факс

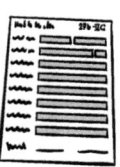

obrazac

бланк

dokument

документ

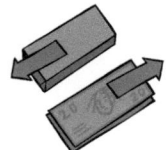

kupovati

купувати

platiti

платити

trgovati

торгувати

novac

гроші

dolar

долар

euro

євро

jen

ієна

rubalj

рубль

švicarski franak

франк

renmindbi yuan

юанів женьміньбі

rupija

рупія

automat za novac

банкомат

mjenjačnica

обмінний пункт

zlato

золото

srebro

срібло

nafta

нафта

energija

енергія

cijena

ціна

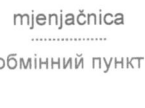

ugovor

контракт

porez

податок

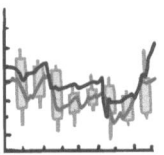

dionica

акція

raditi

працювати

službenik

працівник

poslodavac

роботодавець

tvornica

фабрика

prodavaonica

магазин

policajac
поліцейський

vatrogasac
пожежник

kuhar
повар

liječnik
лікар

pilot
пілот

vrtlar

садівник

stolar

столяр

krojačica

швачка

sudija

суддя

kemičar

хімік

glumac

актор

vozač autobusa

водій автобуса

vozač taksija

таксист

ribar

рибалка

čistačica

прибиральниця

krovopokrivač

покрівельник

konobar

офіціант

lovac

мисливець

slikar

художник

pekar

пекар

električar

електрик

građevinski radnik

будівельник

inženjer

інженер

mesar

забійник

limar

бляхар

poštar

листоноша

vojnik

солдат

arhitekta

архітектор

blagajnik

касир

cvjećar

флорист

frizer

перукар

kondukter

кондуктор

mehaničar

механік

kapetan

капітан

zubar

дантист

znanstvenik

вчений

rabi

рабин

imam

імам

monah

монах

svećenik

пастор

alati
інструменти

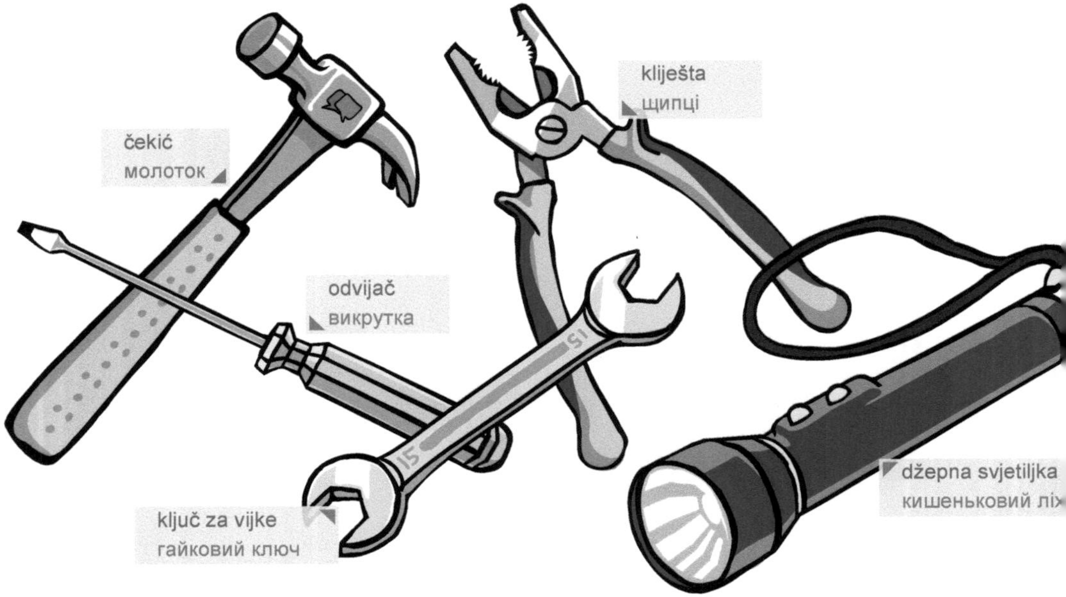

čekić
молоток
kliješta
щипці
odvijač
викрутка
ključ za vijke
гайковий ключ
džepna svjetiljka
кишеньковий лі

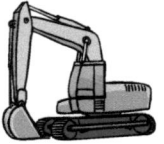

rovokopač

екскаватор

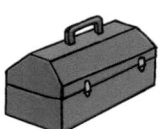

kutija za alat

ящик для інструментів

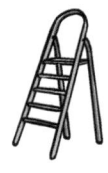

ljestve

драбина

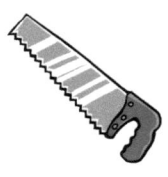

pila

пилка

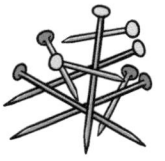

ekser

цвяхи

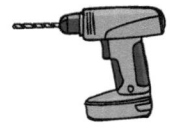

bušilica

свердло

popraviti

ремонтувати

lopata

лопата

Sranje!

лайно!

lopatica

совок

lonac za boju

відро з фарбою

vijci

гвинти

glazbeni instrument
музичні інструменти

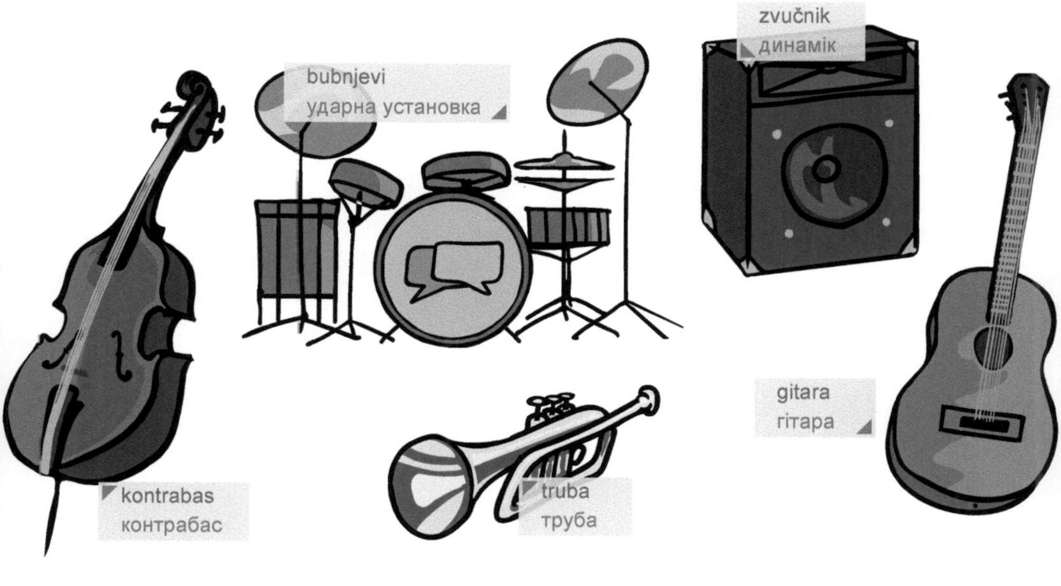

zvučnik
динамік

bubnjevi
ударна установка

gitara
гітара

kontrabas
контрабас

truba
труба

klavir

фортепіано

violina

скрипка

bas

бас

timpani

литаври

udaraljke za bubnjeve

барабан

keyboard

клавіатура

saksofon

саксофон

flauta

флейта

mikrofon

мікрофон

zoološki vrt

зоопарк

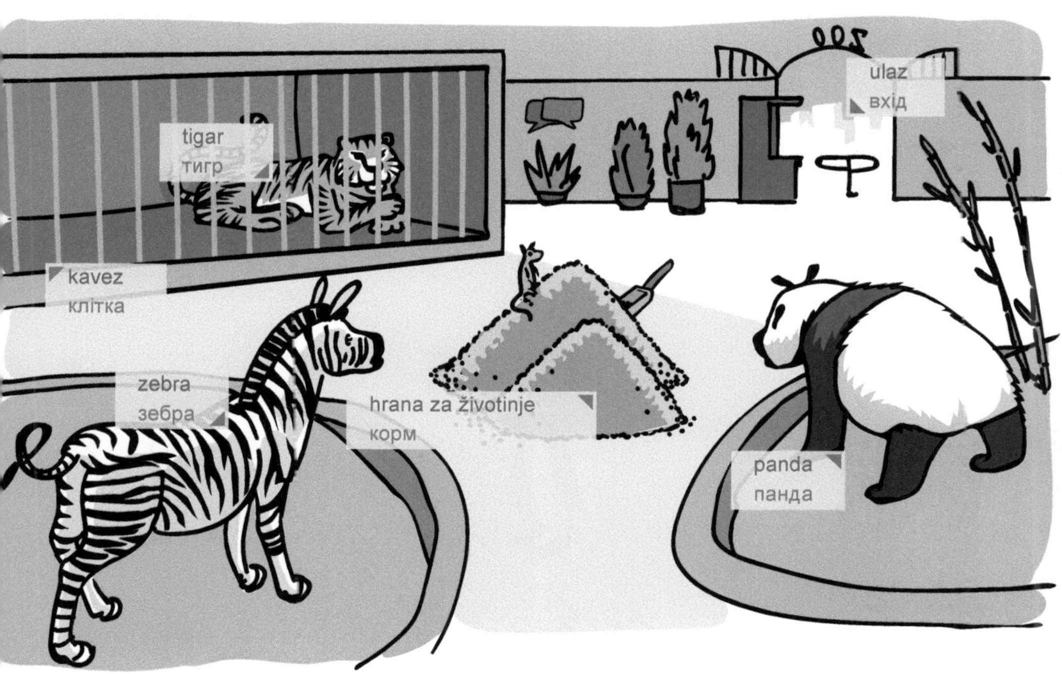
ulaz
вхід
tigar
тигр
kavez
клітка
zebra
зебра
hrana za životinje
корм
panda
панда

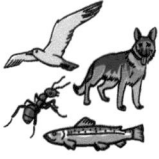

životinje

тварини

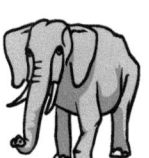

slon

слон

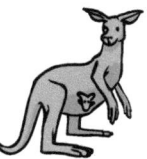

kengur

кенгуру

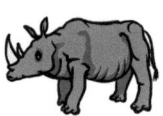

nosorog

носоріг

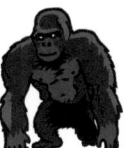

gorila

горила

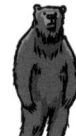

medvjed

ведмідь

kamila

верблюд

noj

страус

lav

лев

majmun

мавпа

flamingo

фламінго

papagaj

папуга

polarni medvjed

білий ведмідь

pingvin

пінгвін

ajkula

акула

paun

павич

zmija

змія

krokodil

крокодил

čuvar u zoološkom vrtu

працівник зоопарку

tuljan

тюлень

jaguar

ягуар

poni

поні

leopard

леопард

nilski konj

гіпопотам

žirafa

жираф

orao

орел

divlja svinja

кабан

riba

риба

kornjača

черепаха

morž

морж

lisica

лисиця

gazela

газель

americki nogomet
американський футбол

biciklizam
їзда на велосипеді

tenis
теніс

košarka
баскетбол

plivanje
плавання

boks
бокс

hockey na ledu
хокей

nogomet

футбол

badminton

бадмінтон

atletika

легка атлетика

rukomet

гандбол

skijanje

лижні перегони

polo

поло

skočiti
стрибати

zagrliti
обіймати

smijati se
сміятися

ići
йти

pjevati
співати

moliti se
молитися

poljubiti
цілувати

sanjati
мріяти

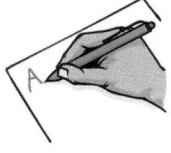

pisati

писати

crtati

малювати

pokazati

показувати

gurati

тиснути

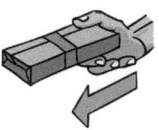

dati

давати

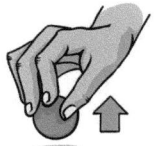

uzeti

брати

imati

мати

činiti

робити

biti

бути

stojati

стояти

trčati

бігати

povlačiti

тягнути

baciti

кидати

padati

падати

ležati

лежати

čekati

очікувати

nositi

носити

sjediti

сидіти

oblačiti

одягати

spavati

спати

probuditi se

просипатися

gledati

дивитися

plakati

плакати

milovati

гладити

češljati

розчісувати

govoriti

розмовляти

razumjeti

розуміти

pitati

питати

slušati

слухати

piti

пити

jesti

їсти

pospremiti

прибирати

voljeti

любити

kuhati

варити

voziti

їхати

letjeti

літати

ploviti

йти під вітрилом

računati

рахувати

čitati

читати

učiti

вчитися

raditi

працювати

vjenčati se

одружуватися

šiti

шити

prati zube

чистити зуби

ubiti

убивати

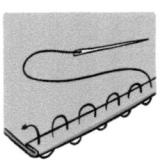

pušiti

курити

poslati

посилати

baka
бабуся

djed
дідуся

otac
батько

majka
мати

beba
немовля

kćerka
донька

sin
син

gost

гість

tetka

тітка

ujak, stric

дядько

brat

брат

sestra

сестра

tijelo
тіло

čelo
чоло
oko
око
rame
плече
prst
палець
lice
обличчя
brada
підборіддя
ruka
кисть
grudi
груди
noga
нога
ruka
рука

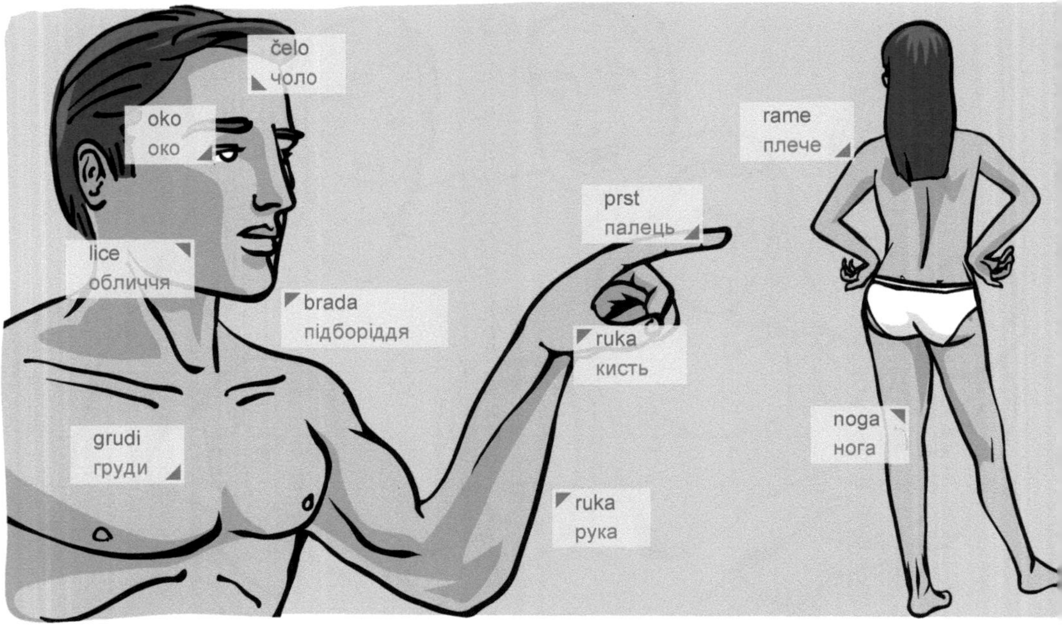

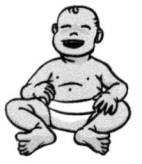

beba

немовля

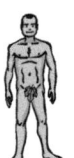

muškarac

чоловік

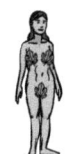

žena

жінка

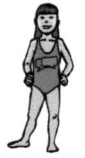

djevojčica

дівчина

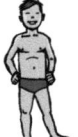

dječak

хлопчик

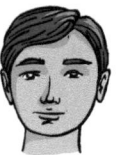

glava

голова

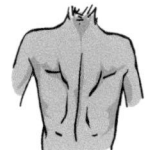

leđa

спина

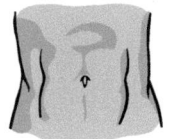

trbuh

живіт

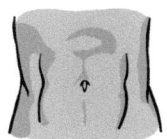

pupak

пуп

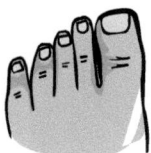

nožni prst

палець ноги

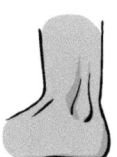

peta

п'ята

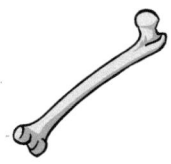

kost

кістка

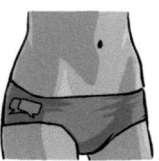

kuk

стегно

koljeno

коліно

lakat

лікоть

nos

ніс

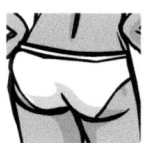

stražnjica

сідниці

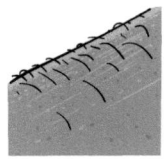

koža

шкіра

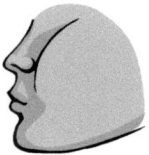

obraz

щока

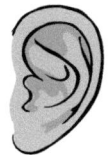

uho

вухо

usna

губа

tijelo - тіло

usta

рот

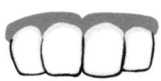

zub

зуб

jezik

язик

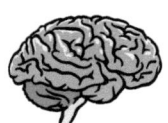

mozak

мозок

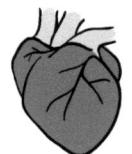

srce

серце

mišić

м'яз

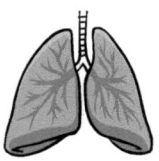

pluća

легені

jetra

печінка

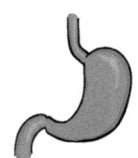

želudac

шлунок

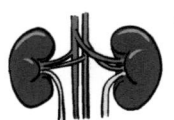

bubrezi

нирки

snošaj

статевий акт

kondom

презерватив

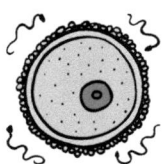

jajna stanica

яйцеклітина

sperma

сперма

trudnoća

вагітність

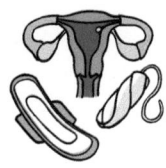

menstruacija

менструація

vagina

вагіна

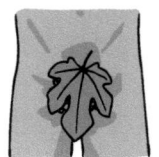

penis

пеніс

obrva

брова

kosa

волосся

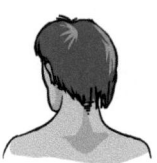

vrat

шия

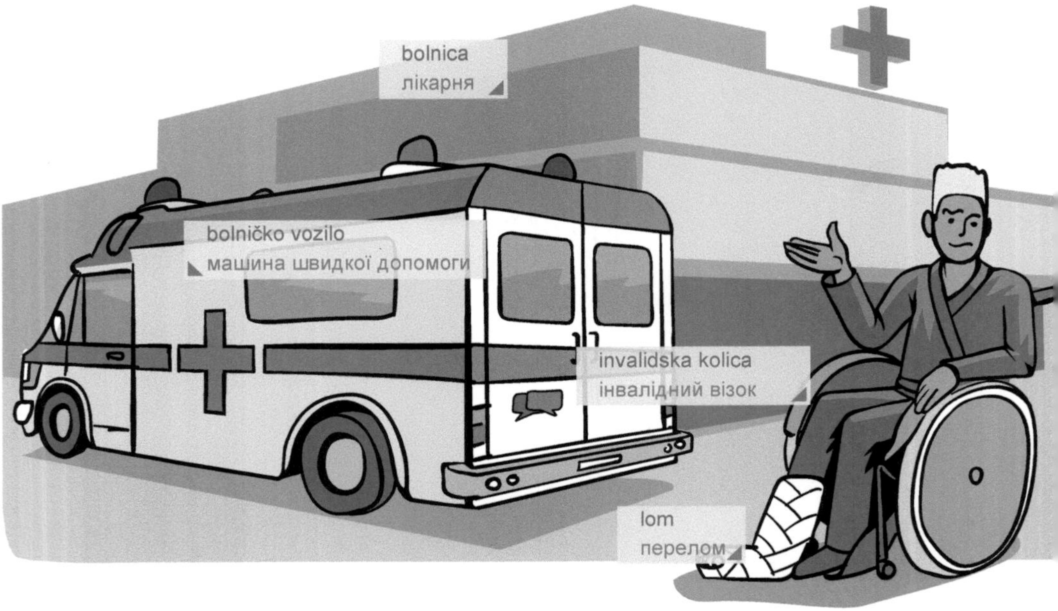

bolnica
лікарня

bolnica
лікарня
bolničko vozilo
машина швидкої допомоги
invalidska kolica
інвалідний візок
lom
перелом

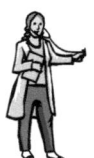

ліječnik

лікар

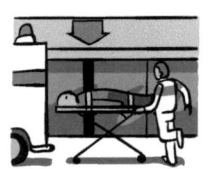

hitna medicinska služba

відділення швидкої медичної допомоги

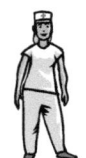

medicinska sestra

медсестра

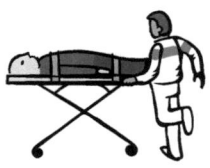

hitni slučaj

аварійний випадок

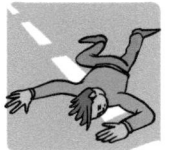

nesvijest

непритомний

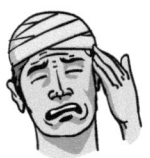

bol

біль

ozljeda

травма

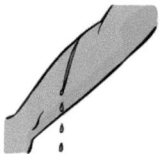

krvarenje

кровотеча

srćani infarkt

інфаркт

moždani udar

інсульт

alergija

алергія

kašalj

кашель

groznica

лихоманка

gripa

грип

proljev

пронос

glavobolja

головна біль

rak

рак

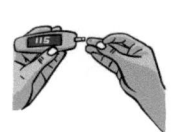

dijabetes

діабет

kirurg

хірург

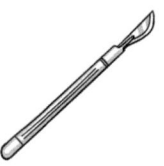

skalpel

скальпель

operacija

операція

ct

КТ

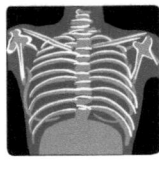

rentgen

рентген

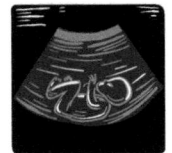

ultrazvuk

ультразвук

maska

маска

bolest

хвороба

čekaonica

зал очікування

štaka

милиця

flaster

пластир

zavoj

пов'язка

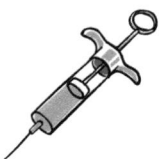

injekcija

ін'єкція

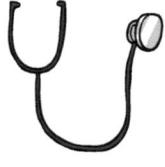

stetoskop

стетоскоп

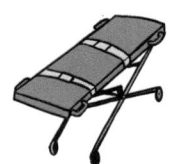

nosilo

ноші

termometar

термометр

rođenje

народження

prekomjerna težina

надмірна вага

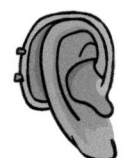

slušni aparat

слуховий апарат

sredstvo za dezinfekciju

дезінфікуючий засіб

infekcija

інфекція

virus

вірус

hiv / sida

ВІЛ / СНІД

medicina

медицина

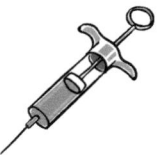

vakcinacija

вакцинація

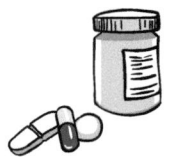

tablete

таблетки

pilula

протизаплідна пігулка

poziv u pomoć

екстрений виклик

uređaj za mjerenje tlaka

тонометр

bolesno / zdravo

хворий / здоровий

pomoć!

Допоможіть!

nasrtaj

напад

napad

атака

alarm

сигнал тривоги

opasnost

небезпека

izlaz za nužadu

аварійний вихід

požar!

Вогонь!

vatrogasni aparat

вогнегасник

nezgoda

аварія

kofer prve pomoći

аптечка

sos

СОС

policija

поліція

Europa

Європа

sjeverna amerika

Північна Америка

južna amerika

Південна Америка

Afrika

Африка

Azija

Азія

Australija

Австралія

Atlantik

Атлантика

Pacifik

Тихий океан

ocean

Індійський океан

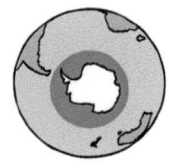

antarktički ocean

Антарктичний океан

arktički ocean

Північний Льодовитий океан

sjeverni pol

Північний полюс

južni pol

Південний полюс

Antarktik

Антарктика

zemlja

Земля

zemlja

суша

more

море

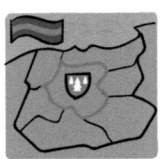

otok

острів

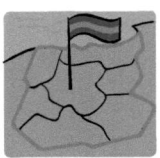

nacija

нація

država

держава

brojčanik sata

циферблат

satna kazaljka

годинникова стрілка

minutna kazaljka

хвилинна стрілка

sekundna kazaljka

секундна стрілка

Koliko je sati?

Котра година?

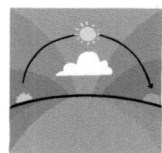

dan

день

vrijeme

час

sada

зараз

digitalni sat

цифровий годинник

minuta

хвилина

sat

година

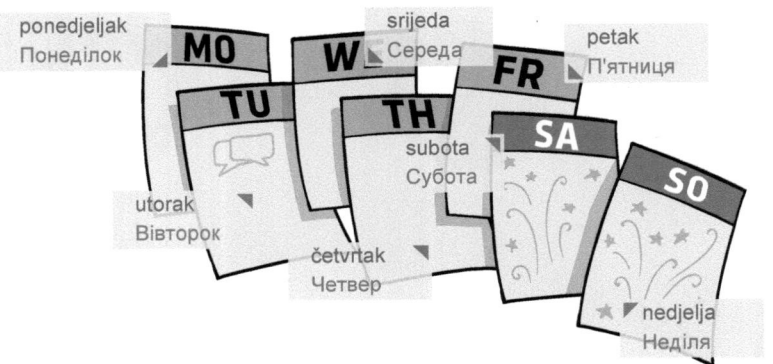

ponedjeljak / Понеділок — MO
utorak / Вівторок — TU
srijeda / Середа — W
četvrtak / Четвер — TH
petak / П'ятниця — FR
subota / Субота — SA
nedjelja / Неділя — SO

jučer
вчора

danas
сьогодні

sutra
завтра

jutro
ранок

podne
опівдні

večer
вечір

MO	TU	WE	TH	FR	SA	SU
1	2	3	4	5	6	7
8	9	10	11	12	13	14
15	16	17	18	19	20	21
22	23	24	25	26	27	28
29	30	31	1	2	3	4

radni dani
робочі дні

MO	TU	WE	TH	FR	SA	SU
1	2	3	4	5	6	7
8	9	10	11	12	13	14
15	16	17	18	19	20	21
22	23	24	25	26	27	28
29	30	31	1	2	3	4

vikend
кінець робочого тижня

godina

рік

kiša
дощ
duga
веселка
snijeg
сніг
vjetar
вітер
proljeće
весна
jesen
осінь
ljeto
літо
zima
зима

4.APRIL 11°
5.APRIL 4°
6.APRIL 13°
7.APRIL 8°
8.APRIL 10°

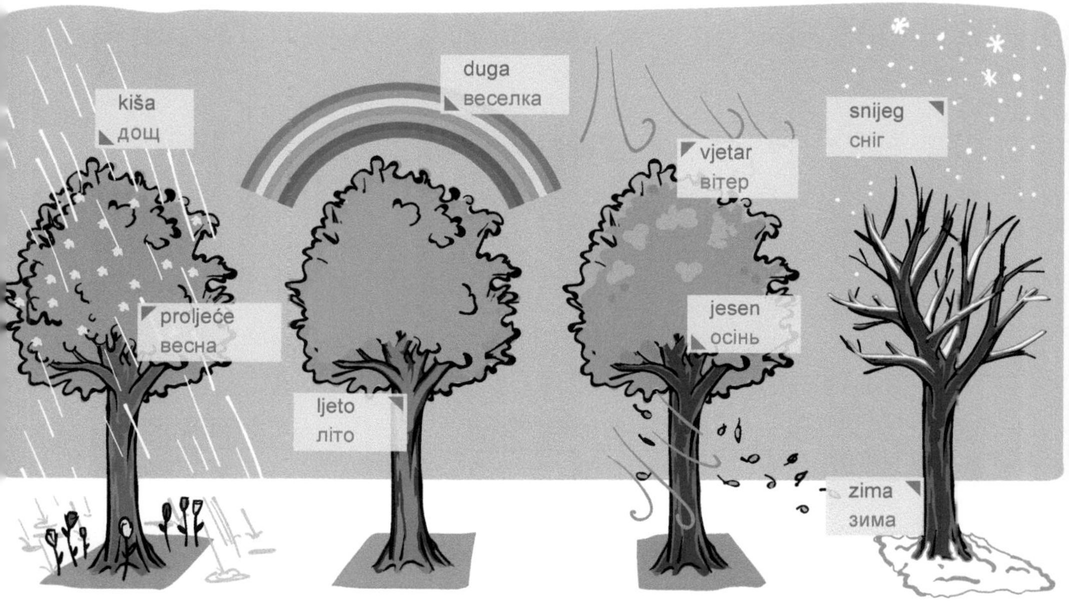

meteorološka prognoza

прогноз погоди

F C
120 90 60 30 0 -30
40 30 20 10 0 -10 -20

termometar

термометр

sunčana svjetlost

сонячне світло

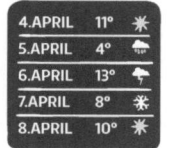

oblak

хмара

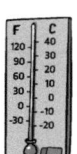

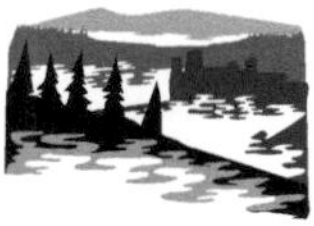

magla

туман

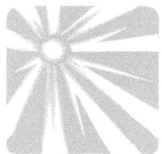

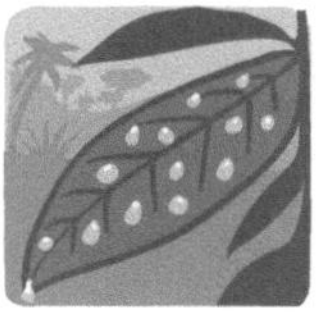

vlažnost zraka

вологість повітря

munja

блискавка

grmljavina

грім

oluja

шторм

tuča

град

monsun

мусон

poplava

повінь

led

лід

siječanj

Січень

veljača

Лютий

ožujak

Березень

travanj

Квітень

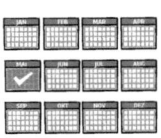

svibanj

Травень

lipanj

Червень

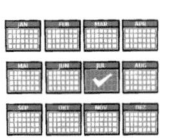

srpanj

Липень

kolovoz

Серпень

rujan
....
Вересень

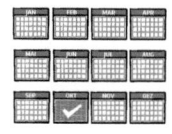

listopad
....
Жовтень

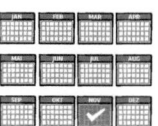

studeni
....
Листопад

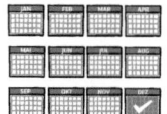

prosinac
....
Грудень

krug
....
круг

kvadrat
....
квадрат

pravokutnik
....
прямокутник

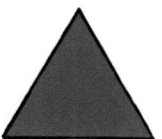

trokut
....
трикутник

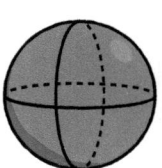

kugla
....
куля

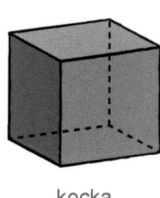

kocka
....
куб

boje
фарби

bijela

білий

žuta

жовтий

narančasta

помаранчевий

ružičasta

рожевий

crvena

червоний

ljubičasta

фіолетовий

plava

синій

zelena

зелений

smeđa

коричневий

siva

сірий

crna

чорний

mnogo / malo

багато / мало

ljutito / mirno

лютий / мирний

lijepo / ružno

гарний / бридкий

početak / kraj

початок / кінець

veliko / maleno

великий / малий

svijetlo / tamno

світлий / темний

brat / sestra

брат / сестра

čisto / prljavo

чистий / брудний

potpuno / nepotpuno

завершений /
незавершений

dan / noć

день / ніч

mrtvo / živo

мертвий / живий

široko / usko

широкий / вузький

jestivo / nejestivo

їстівний / неїстівний

zlo / dobro

злий / дружній

uzbuđeno / dosadno

збуджений / нудьгуючий

debelo / mršavo

товстий / тонкий

na početku / na kraju

спочатку / востаннє

prijatelj / neprijatelj

друг / ворог

puno / prazno

повний / порожній

tvrdo / mekano

жорсткий / м'який

teško / lagano

важкий / легкий

glad / žeđ

голод / спрага

bolesno / zdravo

хворий / здоровий

ilegalno / legalno

незаконний / законний

pametno / glupo

розумний / дурний

lijevo / desno

вліво / вправо

blizu / daleko

поруч / далеко

novo / rabljeno

новий / використаний

ništa / nešto

нічого / щось

staro / mlado

старий / молодий

uključeno / isključeno

вкл / викл

otvoreno / zatvoreno

відкрито / закрито

tiho / glasno

тихо / гучно

bogato / siromašno

багатий / бідний

točno / pogrešno

правильно / неправильно

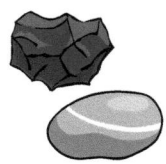

hrapavo / glatko

шорсткий / гладкий

tužno / sretno

сумний / щасливий

kratko / dugo

короткий / довгий

polako / brzo

повільно / швидко

mokro / suho

вологий / сухий

toplo / hladno

гарячий / холодний

rat / mir

війна / мир

0

nula

нуль

1

jedan

один

2

dva

два

3

tri

три

4

četiri

чотири

5

pet

п'ять

6

šest

шість

7

sedam

сім

8

osam

вісім

9

devet

дев'ять

10

deset

десять

11

jedanaest

одинадцять

12

dvanaest

дванадцять

13

trinaest

тринадцять

14

četrnaest

чотирнадцять

15

petnaest

п'ятнадцять

16

šestnaest

шістнадцять

17

sedamnaest

сімнадцять

18

osamnaest

вісімнадцять

19

devetnaest

дев'ятнадцять

20

dvadeset

двадцять

100

stotinu

сто

1.000

tisuću

тисяча

1.000.000

milijun

мільйон

engleski

англійська

američko engleski

американська англійська

kinesko mandarinski

китайська
високочиновницька

hindi

хінді

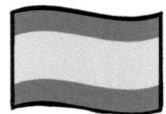

španjolski

іспанська

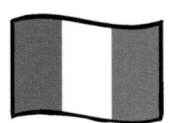

francuski

французька

arapski

арабська

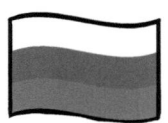

ruski

російська

portugalski

португальська

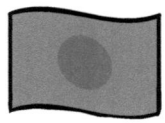

bengalski

бенгальська

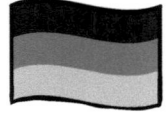

njemački

німецька

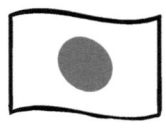

japanski

японська

ja

я

ti

ти

on / ona / ono

він / вона / воно

mi

ми

vi

ви

oni

вони

tko?

хто?

što?

що?

kako?

як?

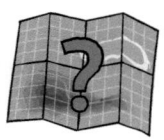

gdje?

де?

kada?

коли?

ime

ім'я

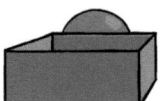

iza
....
ззаду

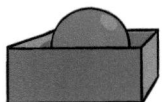

u
....
в

ispred
....
перед

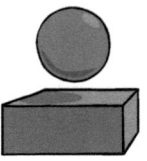

preko
....
над

na
....
на

ispod
....
під

pored
....
біля

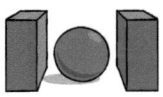

između
....
між

mjesto
....
місце